Schwäbischer Spruchbeutel

Gefüllt von Wulf Wager

Sprüche, Redensarten, Aphorismen und Weisheiten

Mit Illustrationen von Alexander Linke

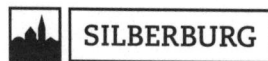 SILBERBURG

Impressum

Meinem Schwiegervater Hermann Barth,
dem größten Sprüch'klopfer auf der
Blaubeurer Alb, gewidmet. Er hat viele Sprüche zu
dieser Sammlung beigesteuert.

Sollte dieses Werk Links auf Webseiten Dritter enthalten, so
machen wir uns die Inhalte nicht zu eigen und übernehmen für die
Inhalte keine Haftung

7., überarbeitete und aktualisierte Auflage 2019

© 2005/2019 by Silberburg-Verlag GmbH,
Schweickhardtstraße 5a, D-72072 Tübingen.
Alle Rechte vorbehalten.
Produktion & Gestaltung:
Wager Kommunikation GmbH, Altenriet.
Umschlaggestaltung und Illustrationen: Alexander Linke.
Druck: CPI books, Leck.
Printed in Germany.

ISBN: 978-3-8425-2167-4

Besuchen Sie uns im Internet
und entdecken Sie die Vielfalt unseres Verlagsprogramms:
www.silberburg.de

Ihre Meinung ist uns wichtig
... für unsere Verlagsarbeit. Wir freuen uns auf Kritik
und Anregungen unter: meinung@silberburg.de

Inhalt

Vorwort

Unser Herzog Christoph von Württemberg hat schon 1559 die allgemeine Schulpflicht eingeführt. Zu einer Zeit, da in anderen deutschen Regionen gerade mal der Klerus und ein paar wenige Adelige lesen und schreiben konnten, hat in Württemberg bereits jeder Baurabua und jedes Bauramädle diese Kunst beherrscht. Dass ein paar hundert Jahre Bildungsvorsprung selbst in Pisa-gebeutelten Zeiten Auswirkungen auf den philosophischen Äußerungsgrad selbst der einfachen Bevölkerung haben, liegt auf der Hand.

Wenn man durchs württembergische Land zieht und an den Orten, an denen noch kommuniziert wird – zum Beispiel im Wirtshaus – aufmerksam die Ohren spitzt und den Leuten aufs Maul schaut, dann springt einen die geballte Lebensweisheit geradezu an. Was ich bei meinen Streifzügen durch das Schwabenland an Weisheiten, Sprüchen, Redensarten und Aphorismen aufschnappen konnte, habe ich flugs in meinen Spruchbeutel gefüllt.

Hier finden Sie witzige, tiefgründige und teils längst vergessene Spruchweisheiten in verschiedenen schwäbischen Mundartvarianten. Dieses Lesevergnügen der ganz besonderen Art führt Sie in die Tiefen der schwäbischen Seele und der geistig-verbalen Auseinandersetzung mit dem Leben, seinen Höhen und Tiefen, Lüsten und Leiden, Unbilden und Gefahren.

Viele Sprüche scheinen derb und deftig. Da sie aber meist dem fröhlichen Milieu einer geselligen Runde entspringen, wirken sie dort, wo sie hingehören, deutlich milder. Sie entstammen meist dem bäuerlichen Umfeld und besitzen eine erstaunliche Treffsicherheit und Anschaulichkeit. Sie spiegeln das Wesen des Schwaben: maulfaul, gradraus und prägnant. So isch no au wieder!

Wulf Wager

Essa ond trenka

Essa ond trenka

HOCKA UND SCHLOTZA ISCH BESSER
WIA STANDA UND SCHAFFA.

Liabr mehr esse als zwenig drenga!

**Manche hen au bloß zwoi Mäga
ond koi Hirn.**

*Ma ka au ohne Alkohol luschtig sei,
aber heit gang i auf Nummer sicher!*

PROSCHT GIRGELE, S KOMMT A
PFLATSCHREAGA!

Geld han ond koin Durscht han, goht,
aber Durscht han ond koi Geld han,
des isch schlemm.

S gibd nix Bessers wia äbbas Guads.

Guad bissa isch halb gschissa!

Essa ond trenka

BESSER S OIGA BROT
WIA AN FREMDA BROTA

Wo dr Wei eigoht, goht dr Vrstand naus.

Frei i mi auf mein Durscht heit Obed!

Wia dr Vogl, so s Ei. Wia dr Koch, so dr Brei.

EN ANDR LEUT KUCHE ISCH GUAT KOCHA.

Liabr a Laus em Kraut wia gar koi Floisch.

Was mr niachdrn denkt, sagt mr em Rausch.

LIABR BSOFFA OND LUSCHTIG
ALS NÜCHTERN OND DOT.

Bevor me schlaga lass, nemm e no a Stickle.
(Ich bin so frei.)

Essa ond trenka

**Vo deam seim Roschdbroda hosch
zwoi Däg Muskelkadr en dr Gosch.**
(Das Fleisch ist etwas zäh.)

*A gscheidr Wein hodd no
koim Domma gschaded.*

ESS, DASS DE EBBES WIRSCH.
NIX BISCH SCHO LANG.

Wer mit vierzig no koin Ranza hot,
bleibt a Krüppl.

**Dia send waidaget aushausig,
dia dend Buttr ondr s Xälz.**

*Wenn mr dr Koch net mog,
schmeckt de bescht Supp net!*

DES ISCH MR FEI LIABR ALS
AN BACHENER FURZ UF RA GABEL.

**Em Glas versaufat meh
wia em Bodasee.**

Essa ond trenka

A guade Sau frisst älles.

**Kommat noch em Kaffee, dass r zom
Nachtessa wiedr drhoim send.**

A halber Balla isch glatt nausgschmissas Geld.
(Wenn schon, denn schon!)

UF OIM FUASS GOHT MR NET HOIM.
(Ein zweiter Schnaps wäre durchaus noch denkbar.)

Des schmeckt wia eigschlofane Fiaß.

**Des schmeckt besser
als a Gosch voll Reißnägel!**
(Das mundet wirklich ganz vorzüglich.)

*I ka au net an jedan Dregg denga, hot s Weib
gsait, wia s es Mittagessa vergessa hodd.*

Essa ond trenka

ZOM FRÜHSTÜCK KOIN SCHNAPS,
DES ISCH S HELLE GIFT!

Äll Dag bsoffa isch au regelmäßig gläbt.

**Ma sott et glauba, was en an Menscha
neigoht, wenn s nex koscht!**

*Vo de z kleine Schuah
hot der sei raode Nos et!*

WAS MR HEUT TRENKT, MUASS MR SCHO
MORGA NEMME TRENKA.

Dr »Proscht« hot scho
manchen s Häusle koscht.
(Manch einer hat sein Hab und Gut versoffen.)

Dear hot scho emmr gern z nass gfuadret.
(Er ist ein regelmäßiger Trinker.)

Essa ond trenka

Der lauft drvo wia d Sau vom Trog.
(Er entzieht sich jeglicher Verantwortung.)

A Stück Brot em Sack
isch besser als a Feder am Hut.
(Man muss die Dinge des Lebens richtig einschätzen!)

Oh, wenn i no em Hemmel wär
ond mit Pfannakuacha zuadeggd!

**Amma Räuschle isch et dr Wei schuld,
sondern dr Drengr!**

*Bei de Reiche lernt ma s Spara,
bei de Arme s Kocha.*

Wemmr oan hot, mua man säh lau,
suscht isch r nix wert.
(Einen richtigen Rausch braucht man nicht zu verstecken.)

Der Deifl hängd koi Gleckle ans Weiglas.
(Der Teufel hält einen niemals vom Trinken ab.)

Essa ond trenka

Des isch klar wia Wurschdbriah.
(Darüber besteht kein Zweifel.)

S ISCH KOINER ZOM VIELFRASS GEBORA,
ABER MA KA OIN DAZUA ZIEHA.

Do hots Fiedle s Bronza glernt.
(Er hat Diarrhoe.)

Ema Durschtiga isch guat eischenka.

Wo s Saufa a Ehr, isch s Koddza koi Schand.

GESSA WÄR. WENN NOH
AU SCHO GSCHAFFD WÄR!

Hand ihr an scheena Chrischtboom!
(Ich würde gerne deinen Schnaps probieren!)

So ischs rechd, no s Arschloch gschond!
(Zu einem, der sich den feuchtfröhlichen Abend
noch einmal durch »den Kopf gehen« lässt.)

Essa ond trenka

Der isch rau uffzoga.
Der mag d Wurscht ohne Brot.

ZOM ESSA VORLIEGA, ZOM TRENKA
ZRÜCKLIEGA OND ZOM SCHAFFA NALIEGA.

I ka essa ond drenka wane will;
i han an dr Arbet oifach koi Froid.

Liabr guad koppet wia an Furz verhoba!
(Schwäbische Umschreibung des Luther-Zitats: »Warum rülpset
und furzet ihr nicht? Hat es euch nicht geschmacket?«)

Schaffa, gruabla ond gruaba

Schaffa, gruabla ond gruaba

WENN S SCHAFFA WAS LEICHTS WÄR,
DÄTS DR SCHULTES SELBER.

Hauptsach, mr isch gsond ond
d Frau hot a Ärbet.

Viel essa isch koi Konscht, abr viel schaffa.

Wia mr isst, so schafft mr.

DESCHT A GSCHÄFT WIA S KATZAMACHA.
(Das geht einem leicht von der Hand.)

Morga isch au no a Tag,
wo mr nex doa ka.

**Was mr am Morga duat,
kommt oim am Obed zguat.**

Desch a Geschäft wia s Mäusmelka.
(Das ist eine diffizile Angelegenheit.)

Schaffa, gruabla ond gruaba

MACHAT MR JETZT SPÄTZLA
ODER FRESSAT MR DR TOIG SO?
(Wie lange soll die Diskussion denn noch dauern,
bevor wir zu arbeiten beginnen?)

Den kosch net braucha, der hot zwoi lenke
Hend ond dia no em rechda Hosasack.
(Ein zur Arbeit absolut untauglicher Mensch!)

Den schenierd d Mugg an dr Wand.
(Ein sehr penibler Mensch.)

*Beim Schaffa friera ond beim Essa schwitza,
des semmr de reachde.*

DES ISCH HÄRTER WIA DA GANZE DAG
SCHDOINR KLOPFA.

Des isch de Meis pfiffa.
(Das ist völlig sinnlos.)

**Der dät scho gern schaffa, bloß en Arbät
dürft s net ausarta!**

Schaffa, gruabla ond gruaba

S Schaffa ghaird abgschaffd,
dass ma endlich Zeid hod fir
a aschdendigs Gschäfd!

**S kennad net älle Herra sei;
wer dät no d Säu hiata?**

Was mr net lupfa ko, soll mr liega lau!
(Man sollte sich nie selbst überschätzen!)

Vo ma Ochsa ko mer net mehr verlanga
wia a guats Stick Rendfloisch.
(Man sollte die Menschen nicht überschätzen.)

Net gschempft isch gnuag globt.

Des Gschäft isch koi Schleckhafa.
(Der Spaßfaktor ist recht niedrig.)

*Der isch am liebschda do,
wo scho gschafft, aber no net gessa isch.*

Du hättscht Schäfer werda
solla, no kenntescht dr ganze
Dag uf s Scheifele naloina.

Schaffa, gruabla ond gruaba

DES ISCH A WEDDR FIR MEINE KNÄCHD,
SCHAFFAD SE EDD, FRIERAD SE RÄCHD.
(Die Wurzel schwäbischen Bauernwohlstands.)

Was dui da ganza Dag iber schaffd,
machad andre beim Zwelfeschlaga.
(Es gibt fleißigere Frauen.)

**Do hot mei Vaddr gmiggd, do migg i au,
ond wenns da Berg nuffgohd.**
(Schwäbischer Traditionalismus; migga = bremsen.)

Dreimol abgsägd ond emmer no z kurz.
(Bestimmt kein schwäbischer Erfindergeist.)

EMA ZUAGUCKER ISCH KOI ÄRBET ZVIEL.

Mit Bugga ond Drugga
kommd mr durch älle Lugga.
(Wo ein Wille, da ein Weg.)

**Mr ka net gleichzeitig scheißa,
Kraut hacka ond s Blatz zom Becka tra.**

Geld, Geiz
ond Neid

Geld, Geiz ond Neid

GROSSE STICH BRENGAT AU GELD,
HOT SELLE NÄHERE GSAIT.

Wenn d Arbet reich macha dät,
wär dr Ochs reichr als dr Bauer.

Dem kälberet no de Sägbock uf dr Behne.
(Das ist ein Glückspilz.)

Wemmr älles wüsst, wär mr bald reich.

WAS DEIN ISCHT, ISCHT AUCH MEIN OND
WAS MIR GHERT, GOHT DI NO LANG NIX A.

Ama Arma fehlt s Geld, ama Geiziga älles.

**Der gibt jede Mark zwoimol aus
ond leabt vom Rausgeld!**
(Wirtschaftlich haushalten ist nicht seine Stärke.)

Dr Geiz ond dr Bettelsack send boide bodalos.

Geld, Geiz ond Neid

MA SOTT DA GELDBEUTEL NET WEITER
AUFDOA ALS R ISCH.
(Grundlage altwürttembergischen Wohlstands und Nährboden
des Vorurteils, Schwaben wären geizig.)

Wemmr no reich wärat –
arm wäre mr schnell wieder.

Nex hau isch a ruhigs Leaba.

Ma muass s Geld vo de Leit nemma.
Vo de Bäum ka ma s it schittla.

VIEL EHR MACHT GERN DA BEUTEL LEER.

A Geizhals ond a fedde Sau send
erschd nochm Dod zu ebbas nuddz.

Bei dene guckat d Mäus
mit verheulte Auga aus dr Brotschublad.
(Das Haus ist nicht gerade mit Wohlstand gesegnet.)

Geld, Geiz ond Neid

Wenn dr Neid brenna dät wie s Feuer,
wär s Holz net so teuer.

S REICHSCHT KLEID ISCHT OFT
GFÜTTRET MIT HERZELEID.

S isch ibrall ebbes, bloß em meim
Geldbeutel isch nix!

Am Verdiena isch no koiner zgrund ganga.

Billig vrkaufa
ond schleachd heira kosch äll Däg.
(Schlechte Geschäfte machen ist keine Kunst.)

MIT GUADSEI BIASSD MR S SACH EI!

Was i hergäb, han i nemme.

S Leaba isch schee, abr z teuer.

Do isch dr Kirchturm an
da Zwedschgabaum bonda

(Da wohnen sehr unehrliche Menschen.)

Geld, Geiz
ond Neid

Dem lauft dr Rotz vierspurig d Backa nauf.
(Der hat mehr Glück als Verstand!)

WO S GELD ISCH, ISCH AU DR DEIFL;
WO KOIS ISCH, ISCH R ZWOIMOL.

Ondr ra Mark derf s koschta, was will.

Dem seine Oir hend zwoi Dotter.
(Er ist nicht unvermögend.)

*Dia hend au bloß em Herrgott
sei Armut em Säckle.*

GEIZIGE LEUD ISCH SCHLECHD WÄSCHA,
DIA REID SOGAR DR DREGG.

Wer d Zündhölzer net spart
wia d Scheit, kommt et weit.
(Im Kleinen fängt das Sparen an.)

Geld, Geiz ond Neid

**Wenn mr dem an Pfenning in Arsch klemmt,
no goht Prägung raus.**

*Der däd am liebschda no
an Zaunstecka melka.*
(Der versucht aus allem einen persönlichen Vorteil zu ziehen.)

WAS KOIN WERT HODD,
ISCH AU GESCHENKD Z TEIER.

Des isch a Konschd, ama nackada Ma
en Dasch neilanga.

**Der hot ao zwoi Händ, oine zom
nemma ond oine zom bhalta.**

Do fendad sieba Katza koi Maus!
(Da ist absolut nichts zu holen.)

DO KOMMET D MEIS MIT
VERHEULTE AUGA D BEHNATREPP RA.
(Das sind arme Schlucker!)

Geld, Geiz ond Neid

Dr Hafner macht aus Dreck Geld.

Omasoscht isch dr Tod,
ond der koscht s Leba.

Schenka kann i dir s leider net,
sonsch koascht koi Skonto mehr abziaga.

Freindschaft
ond Feindschaft

Freindschaft
ond Feindschaft

GREIFAT ZUA! WAS UF EM TISCH SCHTOHT,
ISCH SCHO VRSCHMERZT.

Wenns de juckt,
kratz bei dir ond net bei mir!

Äll Daag schbrengd a andre Sau durchs Dorf.
(Jede Neuigkeit verdrängt die Sensation von gestern.)

*Aus andrer Leut Haut isch
guad Reama schneida.*

I SCHMEISS DR AU MOL
EN SCHDOI EN GARDA!
(Ich werde mich gelegentlich revanchieren.)

Jetzt isch aber gnuag Heu honda.
(Das Maß ist voll!)

**Berg ond Tal kommat net zamma,
abr d Leit.**

S hot koin Gockeler gern,
wenn a Fremder auf
seim Mischt schärrt.

Freindschaft ond Feindschaft

BSUACH ISCH SCHO REACHD,
SOLANG ER D SCHUAH NET RA DUAD.

A verschitts Wasser ka ma nemme aufheba.

**Lass mi meine Kiachla en daim
Schmalz bacha, no därfscht du au
dein Speck en meim Kraut kocha.**

(Vermeintlich: eine Hand wäscht die andere.)

Den soichd koi Hond mai a.
(Mit dem will niemand mehr etwas zu tun haben.)

LIABR EN GUADA NOCHBR
ALS EN WEITA FREIND!

S isch guad, dass r gschdorba isch,
er hädd sowieso nemme lang gläbd.

**Ema fliehenda Feind
muaß ma a Bruck baua.**

Kerle

Kerle

DER BLÄHT SICH UFF
WIA DREI OIER EMA KREDDA.
(Das ist ein rechter Aufschneider.)

Du bisch a Kerle wia Öl, bloß net so fett.

Du wärsch a Pfondskerle,
wenn de net wärsch, wia de bisch.

Der hot au en Furz em Hirn.
(»Ein kreativer Mensch«.)

DER DRUCKD REI WIA D KÄLDE.
(Ein rücksichtsloser Mensch.)

Der duad wia d Gois am Bendel!
(Der ist völlig aus dem Häuschen!)

Der hot a Graddl wia Bschdandgoiß.
(Der ist eingebildet wie eine Zuchtziege.)

Der hot a Eibildong wia zehn nackete Neger.

Kerle

DER ISCH HELL EN DR KAPELL.
(Das ist ein gescheiter Kerl.)

Des isch a Kerle wia a Orgl,
der pfeift, wo ma n atupft.
(Der weiß auf alles eine Antwort.)

**Wenn der lacht, no moinat au d Ohra,
s kommt Bsuach.**

*Der isch beim Professor Muh
en Ochsahausa en d Schual ganga.*
(Er ist nicht gerade mit Intelligenz gesegnet.)

DER HOT SCHNELLER A AUSRED
WIA A MAUS A LOCH.

Der isch Pederleng uff älle Subba.
(Ohne ihn geht's nicht!)

**Wenn der d Gosch uffmacht,
no isch scho gloga.**

35

Kerle

Der isch wia a Furz en dr Latern.
Der leichded kurz uff ond no stenkt r.

DER ISCH Z DOMM ZOM
A LOCH EN SCHNAI BRONZA.
(Der ist zu nichts zu gebrauchen.)

Der moint au, er könnt mit ma Furz
an ganza Acker dünga.
(Der überschätzt seine Fähigkeiten deutlich.)

Der siahd dr Kuah am Eidr a,
was dr Buddr en Paris koschded.
(Der hört das Gras wachsen.)

Der wär erscht recht, wenn mr n oba ond onda
absäga ond no d Mitte wegschmeißa dät.
(Den kann man komplett vergessen!)

JE ÄLDR DR BOCK, DESTO HÄRTER S HORN.
(Alter schützt vor Torheit nicht.)

Der ischt dr Aischt von henna rei.

**Des sch a Kerle wia a Chrischtboom,
der lässt sich älles ufbenda!**

(Der kann nicht nein sagen.)

Kerle

**Dem send d Karta lieabr
als s Gsangbuach.**

*D Hauptsach, i bei gsond, hao guete Schuah
ond ka dr Arbet davolaufa!*

»I schlag dr oina an d Gosch na,
dass dr Zäh em Galopp da Hals na
klepprat!«, hot seller Kerle gsait.

I schlag dir Saukerle oina ens Kreuz, dass
de da Arsch en dr Schleng hoitraga kasch.

**Jo, jo, emmr auf de kleine rothoorige Dicke
mit de Dacklfiaß und de lange Aora,
wo in dr Kirch Zigarett rauchet ond
Holzschuah ahent.**

Mädla
ond Weiber

Mädla
ond Weiber

DES ISCH AU KOI HEURIGS HÄSLE MEH.
(Das wird wohl eine alte Jungfer werden.)

Scheene Däg soll ma am Obend loba;
d scheene Mädla erscht am andera Morga.

De Reiche ihre Mädla on de Arme
ihre Kälbla kommat ällaweil an da Ma.

Wenn d Weiber oms Feuer romstandat,
no moint jede,
se müasst au a Scheitle neischmeißa.

A ANDERE MUADR HOT AU A SCHEES KEND!
(Ich werde schon wieder eine finden.)

D Weiber hend ällaweil recht,
bsonders de mai!

De schöne Äpfl faulat gern.

Je meh Zähn se verliert,
desto bissiger wird se.

Mädla
ond Weiber

A Weiberzong isch wia a Kuahschwanz,
ond der stoht nia still.

MÄDLA, WO JUCHZGET OND HENNA, WO
KRÄHAT; DENE SOTT MA BEIZEITA DA KRAGA
ROMDREHA.

Net älle send Jongfra, wo en Kranz tragat.
(Vertrauen ist gut – Kontrolle ist besser!)

Dia isch au vor em Kyrie z Opfera ganga.
(Sie hatte vor der Hochzeit Kontakt
zum männlichen Geschlecht.)

Des isch s Gmoindsblättle in Perso.
(Sagt man von Klatschbasen.)

ZWOI WEIBER EN OINER KUCHE
DUAT NIA GUAD.

Schee ond gscheit send selta verwandt.

**Älle schwäbische Mädla
sen schee – ausgnomma
dia Wiaschte.**

Mädla
ond Weiber

**D Weiber hend meh Gwalt wia
Schießpulver.**

MIT ACHTZEH ISCH S DEIFELS GROSSMUADR
AU A SCHEES MÄDLE GWÄA.

Dui leit em Bett, bis d Katz kräht.
(Sie gehört nicht gerade zu den Frühaufstehern.)

Vom Ausseha

DER HOT WADA
WIA A SCHBATZ KRAMPFADRA.
(Einer mit sehr dünnen Beinen.)

Do muasch a Bröschle namacha, dass de
woisch, wo vorne und henda isch.

**Du hangschd do
wia dr Spatz am Scheißheisle.**

Dui hot a Herzle wia a Meisle a Fauschd.
(Flachbrüstige Frau.)

DES STOHT DR AU WIA RA SAU A HEMMAD.

Du wirsch bestemmt amol hondert –
siehsch jo heit scho aus wia neinaneinzg.

**Früher war se bildschee.
Heit isch bloß no s Bild schee.**

Der schielad so,
der siehd em Mittwoch schau
boide Sonndich.

Vom Ausseha

Ohne Meggel wärsch du au scheenr.

DES ISCH MOGGELESBRAUN
WIA A REHFIEDLE.
(Eine nicht näher zu definierende, negativ besetzte Farbe.)

Du siehsch heut aus wia kotzte Milchsupp.
(Geht es dir nicht gut?)

**Was e schene Biara isch,
geit au e schene Huddzl!**

Du siehsch heut aber aus
wia s Kätzle am Bauch.
(Du bist sehr bleich.)

DUI SIAHT AUS
WIA A VRLOFFENER BACKSTOIKÄS.

En de wüasteste Hecka
send oft de schönste Neschter!
(Manche Dinge offenbaren sich nicht auf den ersten Blick!)

Dui kommt von Tuttlinga.

(Großbrüstige Frau.)

Vom Ausseha

D'Schönheit vergoht, d'Liebe vergisst ma:
jetzt was frisst ma?

Au de schönste Vögel fallad d'Fedra aus.

SCHÖN OND GUAT STECKET
SELTA ONDER OIM HUAT.

Soll dr am Kindseaga reikomma!
It schee, abr viel!
(Oberschwäbische Art der Dankabstattung.)

Liaba, möga
ond heira

Liaba, möga ond heira

LIEBE VERGOHT, ABER SACH BLEIBT SACH!
(Drum prüfe, wer sich ewig bindet ...)

Eheleut send Lompaleit ond werdat
ondr oiner Decke wiedr guad.

**Wo d Liab nafällt, bleibt se stragga,
ond wenn s auf am Mischthaufa isch!**

*Wer aus Liab heiret,
hot scheene Nächt, aber harte Däg.*

»DESCH KURIOS«, HOT DER BUA GSAIT,
»I MAG D MÄDLA,
OND MAI SCHWESCHTR D BUABA!«

S Küssa ond s Lieaba loht sich
net vrschiaba!

**A haschtige Liab hot so wenig Bstand
wia a hitzige.**

Liaba, möga ond heira

So lang gfischt ond erscht a Krott gfanga.
(Die lange Brautschau war nicht gerade erfolgreich!)

A WEIB KA EM ROCKSACK MEH NAUSTRAGA
ALS DR MANN UFFM WAGA REIFÜHRA.

Heiratsch, no bisch nemme alloi,
aber au nie meh alloi.

(Jedes Ding hat zwei Seiten.)

**A Bock ond a Goiß,
die machat anand hoiß!**

*Appetit därsch dr hola,
aber gessa wird drhoim.*
(Schauen darfst du ...)

DR FEMFTE ZIPFEL EM BETT MACHT
ÄLLES WIEDER WETT!

Alde Liab roschded net,
abr schemmlig ka se wärda.

Liaba, möga ond heira

**Dr Vogl wär scho reacht,
bloß der Käfig gfällt mr net.**

*Wenn s vor dr Hochzeit z hoiß isch,
geit s nochher gern Gwitter.*

OFT MUASS AN HAFA ERSCHD
HEE GAU, BEVOR MR MERGD,
WAS MR AN EM GHEDD HODD.

»Von mir aus ond von dr Magd aus
ka dr Knecht bei dr Bäure schlofa«,
hot der Bauer gsait.
(Gegen einen gelegentlichen Austausch der
Lebensabschnittsgefährten wäre nichts einzuwenden!)

**Dem muasch au oine
en Wassralfinga giaßa lau.**
(Dieser Mann findet keine passende Frau.)

*Do hosch dei »I due dr nix«, hots Mädle gsait,
wia se em Karle s Kind brocht hot.*
(Vorsicht bei leichtfertigen Versprechen!)

S Glück macht blind.

Liaba, möga ond heira

GROMBIARA MIT LIAB SEND BESSER
WIA A BRATWURSCHT MIT HÄNDEL!

Warom a Wiaschde heirata,
a Scheene frisst au et meh.
(Pragmatik par excellence!)

**Was nitzt oim die scheescht Kuah,
wenn se koi Milch geit.**

I hau Gligg bei de Fraua, mir gfällt a jede.

A ALDR SPECHT KLOPFT AU IT SCHLECHT.

Jongfra ond Oier soll mr et zlang aufheba.

**A mancher Boom bliaht schee
ond brengt doch nix.**

A alde Goiß schleckt au no gern Salz.
(Auch im Alter gibt's noch Sex!)

Liaba, möga ond heira

Jeds Häfele hot sei Deckele –
bloß d Sauhäfe et.

**Was nützt die scheenscht Schissl,
wenn nix dren isch?**

*Da Herrgott em Herza ond s Schätzle em Arm
– des oine macht selig, des andre macht warm.*

KOINER HOT SE WELLA,
ABER I HAN SE GLEI GRIAGD.

Magscht du mi au,
em Fall dass i di mega dät?
(Schwäbische Liebeserklärung.)

Noch de Flitterwocha kommet Gwitterwocha.

*Wer zum zwoitemol heiret, der isch edd wert,
dass ems erschte Weib gschtorba isch.*

Liaba, möga ond heira

JEDR SCHLABBER FEND SEIN DABBER.
(Jedes Töpfchen findet sein Deckelchen.)

S geit bloß oi Beißzang uff dr Welt,
aber jeder moint, er häb se dahoim.

S isch net jedr a Ma, wo a Weib hodd.

*S isch no koi Mäusle
onder ama Heihaufa verstickt.*
(Über eine zarte Frau mit einem schwergewichtigen Partner.)

S LIABA OND S SENGA
LASST SICH NET VRZWENGA.

Für seine Eltra ka ma nex,
aber für seine Schwiegereltra.

Kender

Kender

Liabr a Onkl, wo ebbes brengt,
als a Tante, wo Klavier spielt!

Wer et will, hot ghet,
ond wer ghet hot, braucht nenz mai!

S isch ebbes Kleis, was d Kender freit.

Gibt Gott a Häsle, gibt r au a Gräsle.
(Ist das Kind da, dann wird man es auch ernähren können.)

Wonderfitz macht Jongfra rar.
(Die Neugierde kann ungeahnte Folgen haben.)

D Kender hend s Lacha
ond s Heula en oim Säckle.

Aus Bibberla werdat Gäs ond aus Kender Leut.

*An alter Vogel ka sechs jonge verhalta,
aber sechs jonge koin alta.*

**Heul no a bissle, no brauchsch
net so viel bronza!**

Kender

Aus ama Kälble ka bloß a Rendviech werda.

Au en guadr Boom brengt ogleichs Obst.

De Jonge deand, was se bei de Alde sehnd.

ALT OND GRAU DERFSCH WERDA,
ABER NET FRECH!

Konfermand hot koin Verstand.

Kendr ond Narra sagat d Wohret.

Wer en dr Jugend net tobt, tobt em Alter.

»DES GEIT LUFT«, HOT DES MÄDLE GSAIT
OND GLEI ZWOI KENDR UF OIMOL KRIAGT.

Wia s Wettr, so dr Wend.
Wia d Eltra, so s Kend.

Wandlungen

Wandlungen

AU DE DÜNNSCHTE SPÄTZLA
MACHAT EN BROIDA ARSCH!

Wer als Ochs gebora isch,
stirbt net als Nachtigall.
(Manche Metamorphosen sind unmöglich.)

**Je öfdr dei Grend en dr Zeidong kommd,
desto öfdr butzad d Leit da Arsch mit dr ab.**

Schwarze Küah gehnd au a weiße Milch.

MA KA AUS SCHEISS KOI GOLD MACHA.

Der macht a Gsicht wia a pensionierter Aff.

Narrete Küah hand spinnate Kälble.
(Der Apfel fällt nicht weit vom Stamm.)

*Aus ma vrzagta Fiedle
kommt koi fröhlicher Furz.*

Der macht Auga wia a Kuah, wenn s donnert.

(Die Verwunderung ist ihm anzusehen.)

Wandlungen

MIT NAGGADE FENGR
ZOIGT MA IT UF AAZOGENE LEIT!

Je höhr dr Aff steigt,
desto mehr singt ma eahm ins Fiedle.
(Je prominenter die Persönlichkeit,
desto größer der Anteil der Arschkriecher.)

En ällem isch Bschiss,
bloß en dr Milch isch Wasser.

So isch
no au wiedr

So isch
no au wiedr

BEI ONS ISCH EMMER EBBES LOS: GESCHTERN
ISCH D SAU VRRECKT OND HEUT DR NELE.

(Nele = Großvater)

Wenn mr bei soma Weddr
net krank werd, isch ma net xond.

**De graischte Lompa send
oft die ehrlichschte Leit.**

En dr Not frisst dr Teifl Fliega.

MA MERKT S AM KLANG,
WENN S FASS LEER ISCHT.

(Das gesprochene Wort gibt über die Intelligenz Auskunft.)

I woiß scho, wia a Hond aussieht,
i ka bloß koin macha.

DER ISCH BSTÄNDIG
WIA DR BUTTER EN DR SONN.

(Auf diesen Menschen kann man sich nicht verlassen!)

So isch
no au wiedr

De kloine Lompa sperrt ma ei,
vor de graoße lupft ma da Huad.

Der ka senga wia a Sau krebsla.
(Seine musikalischen Fähigkeiten spotten jeder Beschreibung!)

Des isch grad, wia wenn a Ochs
en a Apothek neiguggt.
(Das verstehe ich sowieso nicht.)

LIABR REICH OND XOND

ALS ARM OND KRANK.

An dem han i Freid wie dr Hond
ama Wefzganeschd.

Au dr führnemscht Gaul ka stolpera.
(Auch die Prominenz ist nicht unfehlbar!)

An de Feadra kennt ma d Vögl.
(Kleider machen Leute!)

So isch
no au wiedr

Könnt ma jeds Deng zwoimol macha,
ständ s besser um alle Sacha.

Wenn s will, gibt dr Bock Mill.
(Alles ist möglich, wenn ein fester Willen vorhanden ist!)

S isch mr gleich, ob i leer lauf oder nix trag.

Kuhdreck ond Butter hand oi Mudder.

Em Dreck isch no nia a Sau omkomma.

Wer d Geiß em Haus hot, dem kommt
dr Bock vor d Tür.

**Wer an d Äpfel goht,
goht au an d Zwetschga.**
(Die meisten Männer haben
ihren Hormonhaushalt nicht im Griff.)

Dem lauft d Nos wia a Schleiferskibale.
(Er hat einen ausgewachsenen Katarrh.)

En Stueget will i net
amol dod iberm Zaun hänga!

(Die Landeshauptstadt ist im Land halt nicht sehr beliebt)

So isch
no au wiedr

Do könntescht uf dr Sau naus
ond uf de Borschta wiedr rei.
(Das ist sehr ärgerlich!)

Älles hot a End, no nemm i halt a Gaus.
(Alles hat ein[e] En[d/t]e, deshalb nehme ich eine Gans.)

Bessr schlecht gfahra als guad gloffa.

Zerscht melkt ma d Goiß, no schlecht mer se tot.

Au wemmr so ald wird wia a Kuh,
mer lernt emmer no was drzua.

Der ziagt koi Wurscht vom Teller!
(Das Fahrzeug verfügt über zu wenig PS.)

**Mir brauchat nix Neus,
mir hand am Alda gnuag.**

*S erscht Mol baua ond s erscht Mol
heira sot et gelta.*

So isch no au wiedr

HEIT ISCH HEHLENGE KALT.
(Die Fühltemperatur liegt unter der gemessenen.)

Ma sott net höher scheißa wella,
wia oim da Arsch nauflangt.
(Man sollte sich nicht selbst überschätzen!)

**Er moint halt au, er miasst mit de
graoße Hond zom Bronza ganga.**
(Er strebt nach Höherem.)

Wenn ma em alda Dreck rührt, stinkt r.

DER KOMMT HENDADREI
WIA DIE ALD FASNET.
(Die Sache ist längst gelaufen!)

Wenn der Beck en Schuaschter wär,
no wärat älle Schuah zklei.

**»Wa duasch?« – »Schnecka auf d Schwänz
schla, dass se bellat.«**

So isch
no au wiedr

Freile, freile, ma ka älles macha –
sogar brotene Eiszapfa!

MOINA DERF MER, ABER NET MOINA, MR DERF.

A Henn, wo viel gackarad, legd wenig Oier.

Dem hot Katz en s Feierzeig bronzt.
(Das ist ein wahrer Pechvogel!)

Der hot nix zom saga ond woiß et wia.
(Er ist nicht sehr gesprächig.)

»D DAMA HEND S VORRECHT«,
HOT DR SAUTREIBER GSAIT OND HOT
D SAU VORAUSDRIEBA.
(Ehre, wem Ehre gebührt.)

Liabr hälenga gscheit wia oheimlich blöd.

Was goht mi mei saudomms
Gschwätz von geschtern a?

So isch
no au wiedr

Pfaffahond ond Lehrerkendr send
die frechschte em ganza Dorf.

Wenn d Katza Gäul wärad,
no könnd mr auf d Bäum nuffreida.
(Wenn das Wörtchen »wenn« nicht wäre ...)

Wer Vaddr ond Muddr it folgt,
muass noch Stuegert.
(So droht man kleinen Kindern in Oberschwaben.)

Wenn de mr des net glaubsch,
no liag i de gern mit was anderm o.

»Jetzt ben i gmoint«, hot dr Spatz gsait,
wo nen d Katz Behnestaig nuftra hot.

Wer sich mit Honig aschmierd,
den fressat d Fliega.
(Wer sich in Gefahr begibt, kommt darin um!)

Bei dem isch scho des, was r denkt, vrloga!

So isch
no au wiedr

**Liabr en Ratz in dr Kuche
als en Badener im Hausgang.**

*S isch besser, ma derf nemme hoimkomma,
als ma derf nemme fort.*

ZERSCHT MUASS MA
EN STALL HAN, EH MR A KUAH KAUFT.
(Eines nach dem anderen!)

Wo s dr Brauch isch,
legt ma d Kuah ens Bett.

**Wenn de gschempft werda willsch, muasch
heirada, ond wenn de globt werda willsch,
muasch sterba!**

*A Weib schlaga isch koi Kunscht,
aber a Weib it schlaga.*

Vom Glauba ond Aberglauba

Vom Glauba
ond Aberglauba

DE DOMME SEND ONSERM HERRGOTT
SEINE LIEBSCHDE KINDER.
(Selig sind die armen im Geiste ...)

A katholischs Würschtle
kocht au ema lutherischa Häfele.
(Soviel zu ökumenischen Ehen.)

**»Ällas isch bloß a Weile reachd«,
hod dr Pfarrer gsait ond an Oschdra
da Chrischtboom aus dr Kirch do.**
(Alles hat seine Zeit!)

Dem oina sein Dod, isch am andra sei Brod.

(... hot dr Daudagräber gsait.)

WER S GLAUBT, WIRD SELICH, OND WER S
NET GLAUBT, KOMMT AU EN HEMML.

D Frömmler tragat de Heiland em Arm
rom, ond dr Teufel hockt ne auf'm Buckel.

**Du bisch dömmer
wia am Hergott sei Gaul,
on des isch a Esel gwäa!**

Vom Glauba ond Aberglauba

Den holt dr Deifl amol pfondweis.

Do hilfd ällas Bädda nix!
(Da ist nichts zu machen!)

S ISCH NO KOI GAAS EM WASSER VRSOFFA.
(Glaube an dich!)

S menschalet halt iberall,
sogar em Hemmel.

Solang mr sengt, isch d Kirch net aus.
(Es gibt noch Hoffnung!)

Do hilft koi Beta, Herr Pfarrer,
do muass Mischt na.
(Der Glaube allein hilft nicht, hier muss man selbst zupacken!)

UFF AM KIRCHHOF LIAGAD
AN HAUFA LEIT, DIA GLAUBD HENND,
OHNE SIE GOHT S NEDD.

Dommheit

Dommheit

DUI HOT D GSCHEITHEIT
AU ET MIT LÖFFL GFRESSA.

Wer Bildungs- ond Zahlucka hot,
muass d Gosch zualassa.

De Demmschte send de Schlemmschte!

DOMMSTELLE GOHT LEICHTER
WIA GSCHEIT SEI.

Liabr en Faula wia en Domma.

Der isch z domm zom Riaba zopfa.

*De demmschte Baura hand
de graischte Eibiera.*

A BISSLE DOMM ISCH JEDER,
ABR SO DOMM WIA MANCHER ISCH KOINR.

Wenn der so lang wär
wia domm, no kennt r aus
dr Dachrenne saufa.

Dommheit

S geit Domme ond Saudomme.
Ond von de Domme bisch du koinr.

**Wenn s Dommsei weh dät,
miaßtat manche da ganze Dag schreia.**

*Wenn der so groß wär wia domm,
kennt r da Mond küssa.*

Schwäbische
Trinksprüch'

Schwäbische Trinksprüch'

Hoch da Kolba, nei da Zenka,
morga miass mr Wasser trenka,
übermorga Moscht –
drum proscht!

Älle Äckerle, älle Wiesa,
miaßat ons da Hals nabfließa.
Proscht und proscht
und ällaweil proscht
und wenn's uns 's ganze Häusle koscht!

**Trollinger, in kleine Gläsle genossa,
schadet au in größere Menga net.**

*Oh Alkohol, du Wundergeischt,
mach, dass du en meim Maga bleibscht.
Du hosch mi scho oft g'nuag bschisse
ond mi nachts über da Bettrand g'schmisse.
Drom sag ich nun bloß ois,
sauf mer no ois! – Prost.*

Schwäbische Trinksprüch'

'S GLAS IN D' HAND,
ZUM WOHL MIT'NAND.

Hätt dr Adam
schwäbisch's Bier besessa –
er hätt da Apfel niemols g'fressa!

Der Reutlinger, der krätzt und beißt,
wie wenn a Katz de Hals nakreist.
Beim Tübinger, do wurd's oim ganz,
als ziegt mr's wieder ruf am Schwanz!

Schaffa, schaffa, Häusle baua
ond nach Bier und Mädle schaua.

SAUFSCH, NO STIRBSCH.
SAUFSCH NET, NO STIRBSCH AU,
ALSO SAUF!

Täglich drei Liter trenka
ond da Rescht mit Wasser auffülla.

Schwäbische Trinksprüch'

Je schlemmr 's Weib,
desto scheenr d' Kneip'.
Je scheenr d' Kneip',
desto schlemmr für's Weib!

I han nie Durscht.
So weit lass i's gar net komma.

WAS GLOTZSCH, DU ROTER DONDER?
PASS AUF, I SCHLUCK DI NONDER!

A jede Stond an guada Schluck
befreit di von deim Leischtungsdruck!

Ond bleibt mir nix im Läba
als a oinzge Geiß,
soll ihr der Herrgott gäba
zwoi Zitza prall und heiß.
Draus fließt d'r Saft d'r Räba
zu unserm Herren Preis,
links soll se rota Trollinger gäba,
rechts Cannstatter Zuckerle Riesling weiß.

Wei', des isch für alte Knaba
oine von de beschte Gaba.

Mir hockat an dem ronda Tisch
ond saufat, bis 'r eckig isch!

Moses klopfte an einen Stein,
da wurde Wasser gleich zu Wein,
doch viel bequemer hosch du's hier,
brauchsch bloß schreia:
»Mädle, a Bier!«

**Wo i von de schlimme Folga vom Trenka
glesa han, han i sofort 's Lesa aufgeba.**

Essa ond trenka
send die drei schenschte Sacha
uf dr Welt.

Hopfa ond Malz:
Ab en da Hals!

Schwäbische Trinksprüch'

Schwätz, was wahr isch,
iss, was gar isch,
trink, was klar isch!

**Aus dr Kehle tönt an dompfer Schrei:
Schütts nei, schütts nei!
Müde bin i, gang zur Ruah,
decke meinen Ranza zua,
Herrgott, lass den Kater mein
morgen net so grausam sein.
Bitte schenk mir wieder Durscht,
alles and're isch mir wurscht!**

*Des Reh sprengt hoch,
des Reh sprengt weit,
warom au net, es hot jo Zeit!*

AM ACHTA TAG
HOT DER HERRGOTT DES BIER ERSCHAFFA
OND SEITHER HÖRT MR NIX ME VON EHM.

Lass di net lompa:
Hau weg den Hompa!

Schwäbische Trinksprüch'

**Alle merkat,
wenn i b'soffa be,
aber koiner merkt,
wenn i Durscht hau.**

*Wenn oiner melka will am Stier,
Wasser liebr säuft als Bier,
en Gockl mit Messer ond Gabel frisst,
beim Fensterla d' Loiter vergisst,
meint, es ist eine Gaas, – dabei ist es eine Goas,
einen jeden Scheißdreck älles besser woaß,
Leut', da hoaßt's Zähn' zsämmabeißa –
des sind koane Schwoba, des send Preußa!*

'S OINZIGE GMIAS, WO I MAG,
ISCH 'S BIER.

Zwischa Leabr ond Milz
passt äwwl no a Pils!

**Am früha Morga koi Bier,
des isch's hellschte Gift.**

Oi Woiza kennat mr verhoiza!

AU EN WEISSER WEI' MACHT A RAODE NOS!

Erscht schaff dei Sach,
no trenk ond lach!

**A bees Weib ond sauers Bier,
b'hüat ons Gott dr Herr drfür!**

Koin Alkohol isch au koi Lösung!

SCHITT NONDER DEN PLONDER,
NO WERD MR SCHNELL MONTER.

Alkohol isch koi Antwort,
aber mr v'rgisst beim Trenka d' Frog!

**Ond endet amol mein Lebenslauf,
hört mit mir mein Durscht au auf.**

Schwäbische Trinksprüch'

*Vom Bier wird mr wia a Stier –
dr Wei' macht fei!*

MIT AM WEIN ISCH'S WIE MIT DR POLITIK:
MR MERKT ERSCHT HENDRHER,
WELCHE FLASCHE MR G'WÄHLT HOT.

Trinksch du schnell und koppsch du laut,
war des Bier recht guat gebraut!

**Fässer ond jonge Weiber
hend emmer gleiche Leiber.
Mol send se voll, mol send se leer,
des kommt emmer von de Herra her.**

*'s Bierzelt hoißt Bierzelt,
weil mei Weib dort 's Bier zählt.*

WO 'S SAUFA A EHR,
ISCH'S KOTZA KOI SCHAND.

Schwäbische Trinksprüch'

Liabr an ronda Bierbauch
als a langs Gsicht!

**A kühles Helles
isch äwwl was Reelles.**

Gerschtasaft gibt Liebeskraft!

'S LEBA ISCH KURZ,
DROM MACH EBBES DRAUS.
HEB DEI GLAS
OND SAUF ES AUS.

I woiß ganz genau:
Heut wird net bloß dr Hemmel blau!

**Schö' isch es, auf dr Welt zom sein,
dodruf trenkat mr no ein!**

*I han so oft auf die Gsondheit tronka,
dass i meine schier ruiniert hätt.*